I0469583

ELIMINE **LOS VICIOS**
ORGANIZACIONALES.

ELIMINE **LOS VICIOS**
ORGANIZACIONALES.

⟶

RAFAEL DE LA MORA

Copyright © 2008, 2011 por Rafael De La Mora.

Número de Control de la Biblioteca del Congreso de EE. UU.:   2011961206
ISBN: Tapa Dura   978-1-4633-1364-7
                   Tapa Blanda   978-1-4633-1363-0
                   Libro Electrónico   978-1-4633-1362-3

Todos los derechos reservados. Ninguna parte de este libro puede ser reproducida o transmitida de cualquier forma o por cualquier medio, electrónico o mecánico, incluyendo fotocopia, grabación, o por cualquier sistema de almacenamiento y recuperación, sin permiso escrito del propietario del copyright.

Este Libro fue impreso en los Estados Unidos de América.

Para pedidos de copias adicionales de este libro, por favor contacte con:
Palibrio
1663 Liberty Drive
Suite 200
Bloomington, IN 47403
Llamadas desde los EE.UU. 877.407.5847
Llamadas internacionales +1.812.671.9757
Fax: +1.812.355.1576
ventas@palibrio.com
379017

AGRADECIMIENTOS Y DEDICATORIA:

PRIMERAMENTE A DIOS, a mi esposa e hijos, a los empresarios con los que he participado en sus organizaciones y que han apoyado para la realización de esta obra: Ramón Olazaba, Martín Murillo, Arturo Maciel e Iván Rosales.

Un agradecimiento también a muchas personas, entre ellos líderes y ejecutivos que de manera consciente o inconsciente cometieron muchos errores que sirvieron de recopilación y análisis para que sean tomados como advertencia y ejemplo por muchos empresarios y líderes.

Dios los bendiga a todos.

INTRODUCCIÓN

ES COMIENZO DEL otoño y estoy en mi penúltimo día de vacaciones en casa y conforme se acerca mi regreso al trabajo me siento un tanto pesado y es que debo aceptarlo, en mi trabajo amo la parte en la que tengo que servir a los demás pero siento que algo ya no funciona del todo bien.

Estoy viendo a mi hijito de 6 años dormir y a mis hijas haciendo tarea y comiendo en compañía de mi esposa, y pienso que bonito momento para empezar a hacer este tratado que desde hace ya un buen tiempo estoy intentando empezar, tengo artículos, presentaciones, ideas vagas y mucho material pero disgregado y desorganizado y he pensado bueno ya es tiempo de ordenar un poco todo ese cúmulo de ideas que han venido revolotcando en mi cabeza durante muchos años, y, ahora siento creo algo similar a lo que deben sentir los escritores y es ese gusanito que esta rascando y rascando desde dentro de su envoltura y que insiste e insiste, hasta que definitivamente termina por ser intolerable y he aquí a uno escribiendo y escribiendo, aunque claro yo no me considero un escritor, más bien un simple comunicador de mis ideas.

Pero a ciencia cierta me pregunto ¿por qué lo hago?, ¿Qué busco con escribir este libro? Y me vienen a la mente una serie de razones derivadas de muchas situaciones, circunstancias y, por qué no decirlo también porque estoy harto, cansado, desesperado y quiero sacudir a cada una de las personas que componen nuestra cultura.

Quiero dejar por escrito las razones por las cuales nuestra cultura no ha despegado, el porque seguimos durmiendo, soñando, viendo a países desarrollarse y ganarse el mundo, y seguir al margen, desconociéndonos unos a otros, traicionándonos, haciéndonos trizas, organizaciones desapareciendo y los directivos confundidos, en las empresas en general y de servicio no se termina por entender qué significa esa palabra "servir", los equipos de trabajo son cuestionados, los líderes marginados y olvidados, bueno en fin lo que podríamos resumir en la siguiente pregunta ¿qué demonios pasa con nuestro liderazgo y con nuestro trabajo en equipo?

Yo por mi parte estoy profundamente preocupado y molesto, ahora tengo más de 40 años, desempeñé un buen puesto gerencial durante muchos años y aclaro que fue un nivel modesto, no de alto nivel, pero que lo logré por trabajar duro y con honestidad, y les seguro que habiendo trabajado como Dios manda sólo a ese nivel llegué, sí mi amigo me refiero que en algunos países no basta con trabajar duro, yo se los aseguro y, claro con sus excepciones, que esa forma no es la perfecta, eso no es garantía y si usted cree lo contrario no lo culpo pues en realidad es deseable que así fuese.

Hay otro camino que es el de la deshonestidad pero no se apure tampoco me refiero a ese, de lo que hablare más delante entre otras cosas es de la ética profesional, algunos vicios y la politiquería que nos encantan y que a menudo van acompañadas de la trifulca del poder, de la ambición y de la obsesiva y mala costumbre de cuidar nuestras malditas cabezas y nuestra posición cuando es cómoda en una estructura organizacional y que nos brinda una aparente y temporal seguridad.

Tocaré temas como el trabajo en equipo, algunas teorías de grandes gurús y el porqué de que nos aferramos a que con nosotros no funcionen y dejarlas siempre como una utopía total, y lo que es el colmo, no esforzarnos ni siquiera en intentarlo. Creo que no se puede tener la perfección pero con mil demonios de perdida debemos apuntar hacia ella.

El comienzo de esta aventura administrativa es derivada de haber vivido más de 21 años de experiencia en una gran organización, he tenido la fortuna de terminar mis estudios de posgrado en administración y leer un sin número de autores de la materia, impartir cursos diversos sobre control administrativo, participando activamente en temas de sistemas de calidad, también de apoyar a pequeños empresarios para desarrollar sus controles internos, a convocar el mejor personal y mejorar su liderazgo.

La organización para la cual presté mis servicios fue muy grande y aunque no era de capital y firma local si lo era por tener ya muchos años en el mercado dando trabajo a miles de personas y por qué no decirlo, digna de admirarse, pues en la actualidad rara empresa pasa de las dos primeras décadas de vida y como dice un gran autor que es Jim Collins en su libro "empresas que sobresalen" las hay buenas pero también sobresalientes y debo aceptarlo estuve en una empresa que perduró y fue buena, si así es, ha perdurado por tener un buen producto (de los que se venden solos) y aceptémoslo en parte por obra del espíritu santo también, sí señor.

Pero no es mi objetivo personalizar ni ejemplificar empresas pues mi obra va más allá de una sola organización, entonces no vale la pena particularizar. En realidad deseo hablar en general y espero esto ayude a muchos líderes de todos los niveles y países a tratar de cambiar y enfilar por fin hacia una cultura que se lance y pique con una estocada inquebrantable y certera, si miedo, sin titubeos y bastante fortalecida.

El cambio empieza por lo individual, luego va al equipo, sólo así se forman organizaciones fuertes y por fin se logran naciones firmes y competitivas y me atrevo a afirmar: o cambiamos o nos veremos en aprietos muy grandes, no se queje más delante de tener un jefe de ojos rasgados o de ser esclavo de un extranjero en su propio país...no por dios...yo no lo deseo, piense en sus hijos, no los defraude, ¿qué cuentas les daremos? Con un demonio no regalemos nuestro gran país. Creo en un mundo globalizado pero cada cultura o pueblo en su lugar geográfico e intercambiando sus bienes mundialmente.

1 Equipo y Liderazgo.

¿Sabemos trabajar en equipo, ser buenos líderes y/o buenos seguidores cuando es necesario?

México al igual que países latinos se caracteriza por una cultura que tiene demasiados ideales pobres y limitados. Se nos conoce en general (claro hay excepciones) como personas no muy trabajadoras, sentidas, malinchistas (termino que significa darle más interés a los extranjeros que a los hermanos del mismo país), con falta de pulcritud, ser un tanto corruptibles, tener pobre espíritu de sacrificio y disciplina, ser obstinados, y sobre todo tener falta de cultura de equipo. Bueno hay que aclarar que somos de los países más felices y eso claro que es digno de admirarse pues es parte del objetivo de la vida.

Desde el ámbito personal, familiar, escolar, profesional y político estamos llenos de individualismo.

Como una aseveración a este tratado breve puedo decir que existe un marcado circulo vicioso representado por un modelo dañino que se auto alimenta.

Le defino como sigue:

"No existe por cultura el reconocimiento directo al equipo de trabajo si no al individuo que realiza cada tarea de manera heroica, entonces, como el reconocimiento es individual y se alimenta y apoya el trabajo de cada elemento, se echa así por tierra el esfuerzo conjunto.

Con lo anterior se afecta directamente al líder del equipo quien ha apoyado, organizado y facilitado los medios necesarios para que cada miembro trabaje, pero sobre todo se ve afectada la sinergia grupal para el desarrollo perene del equipo en pro de la organización.

Analice la siguiente analogía:

El líder, gerente o, esa persona que "organiza y administra" no es regularmente reconocido por sus superiores "porque a según su visión personal no hace nada", los superiores reconocen por partes a uno o sólo algunos individuos del grupo, el individuo entonces reconoce y aprende que es bueno sobresalir por si sólo pues así fue premiado y reconocido, luego entonces se suman las individualidades, por separado, entendamos que no es lo mismo sumar y hacer uno fuerte que solo tomar en cuenta a cada uno por separado, no señor, no es lo mismo.

Resulta que el líder queda por los suelos y es incluso relegado y olvidado, sucede como resultado que las personas no quieren ser líderes de ese tipo, mejor son tiranos ególatras y nadie sale adelante, muere la sinergia grupal.

¿Es riesgoso ser un buen líder no? ¿Tomaría el riesgo de quedar "fuera de la jugada" por ceder?

Definición de equipo de trabajo:

Reconocemos trabajo en equipo al conjunto de actividades de un grupo para llegar a un fin, tienen intereses comunes, y su trabajo satisface las necesidades de clientes internos y externos en una organización o sociedad.

El trabajo en equipo no es hacer todos la misma cosa, si no que cada miembro realice su trabajo respectivo de manera responsable y eficiente para complementar el resultado total del grupo.

¿Qué características debe tener el líder de un equipo?

- Debe ser una persona con amplio criterio
- Nunca debe permitir que la gente trabaje para él y se preocupe por él.
- Con amplia preparación académica acorde a su nivel.
- No debe cuidar intereses personales
- No debe jamás cuidar su posición
- Debe carecer de miedo para afrontar la realidad sea cual sea
- Jamás debe valerse de los recursos de la organización para su persona.
- Jamás debe valerse del poder para cometer injusticias
- Jamás debe permitir tener gente menos competente que él a su alrededor
- Debe ser disciplinado y disciplinar.
- Debe ser digno de ser facultado por sus superiores.
- Jamás debe seleccionar personal con preceptos personales insanos.
- Debe evaluar directamente a nuevos miembros y no sólo por opiniones de terceros.
- (puede ser que la opinión de un tercero sea insana o manipulada y perjudicar al nuevo integrante).
- Debe dar oportunidades a nuevos miembros para que demuestren su capacidad

Ahora debe estar pensando: si como no, que fácil... porquería de libro ahí muere a la basura, eso es imposible. Créamelo amigo lector estará cometiendo el primer y principal error de los individuos de nuestra cultura y es el de ver siempre sueños en lo que para otras culturas que nos amenazan es una vívida realidad.

Sin embargo si lo resistió y siguió leyendo digiera lo que sigue:

Ahora veamos un resumen de las características de los miembros de un equipo.

- Debe ser personal competente al 100%.
- Digno de ser facultado
- Confiable al 100% y a toda prueba.
- Libre de intereses mundanos que lleven a la traición. Piense en los partidos políticos y el congreso.
- Nobles para reconocer las capacidades de sus líderes y compañeros.
- Reconocer de manera sublime cuando un compañero sea elevado a otro nivel.
- Deberá reconocer que sí él hace algo especial siempre hubo alguien apoyándolo.
- No deberá alentar la mala comunicación y la murmuración.
- Siempre debe estar leyendo, estudiando o preparándose en algo nuevo.
- No perder la fe y nunca bajar la guardia.

No pues ahora si está bien fácil ¿verdad?, ciérrelo y tírelo mi amigo, si lo desea dele vuelo por la ventana se ven chistosos los libros volando, yo sé lo que le digo lo que sigue está más crudo y no quiero molestarlo.

PARTE 1

Generalidades de nuestra cultura

B UENO SI AUN lo tiene en la mano felicidades ahí viene algo muy importante, si no sólo escribo para dar lata también le daré mis puntos de vista para mejorar mi amigo.

Toda manera de actuar de una cultura viene generada por muchos factores de todo tipo pero yo no soy antropólogo, sociólogo ni político o algo que se le parezca, lo que si soy es un ciudadano inconforme y preocupado, alguien que no sólo escribe por escribir pues yo trabajo y escribo, claro para los que consideren que escribir no es trabajar.

Aquí delante resumo algunas razones de que seamos y actuemos como lo hacemos.

Analice las siguientes condiciones de nuestra cultura.

1. Nuestro país y países latinos no tienen muchas oportunidades de trabajo.
2. No tenemos apoyo para educación de altura y salir al mundo.
3. Estamos demasiado aborregados con basura publicitaria como es la TV, Internet, etc.
4. No tenemos una cultura basada en una verdadera disciplina.

5. Los apoyos a instituciones de desarrollo y tecnología son pobres o escasos.

6. Tenemos falta total de apoyo a gente inteligente y con potencial.

7. Tenemos un raro deseo y ansias de reconocimiento, mismo que provoca pisotear en su caso a quién se tenga que pisotear.

8. Y lo peor de todo "estamos convencidos que las cosas no cambiarán", válgame dios.

Para no dejarlo muy a la ligera quiero comentar brevemente cada uno de los puntos antes descritos:

1. México y países de Latino América están siempre con el fantasma del desempleo presente y desde que me acuerdo no los hay suficientes, no quiero hablar de cifras pero una cosa sí les digo me entere de que somos el país número uno en exportar gente y no precisamente de la clase turista, con decirles que le ganamos a China y no en porcentaje si no en unidades...si señor y eso que somos menos del 10% de su población.

2. Fíjense bien en lo siguiente: dos de mis hijas las cuales ambas han estudiado en escuelas del gobierno y bueno debemos reconocerlo hay países que ni eso tienen pero bueno hablamos de compararnos con los grandes no con los que de plano están por los suelos aunque permítanme decirle hay unos países africanos que están teniendo más crecimiento que nosotros...ha bárbaros. Bueno para no salirme mucho del tema resulta que mis hijas ambas han tenido los primeros lugares desde que entraron a la primaria y hasta ahora no he recibido ni un solo documento donde se pretenda un apoyo más duradero y no me refiero a dinero para que coman si no a qué más hay para ellas en cuanto a lanzamiento

y reconocimiento, una de mis hijas ya va para sexto de primaria y voy a ir personalmente con la directora a preguntarle cómo le hago para que mi hija concurse con niños de otras escuelas, estados o en las nacionales, porque no creo me manden una invitación para eso. Pero eso no lo es todo, espere lo que le voy a contar, tengo una sobrina que gano las nacionales de conocimiento en primaria y, el presidente de la nación (Ernesto Cedillo en ese entonces) le dio personalmente un reconocimiento, mochilas y un viaje, que padre ¿no? Pero sólo eso, si señor sólo eso, mínimo, sus padres hubiesen esperado una beca con alcance hasta su pos-grado y/o ya de perdida a la universidad, entonces con eso les digo todo y lo resumo en la siguiente analogía "si ni ganando las nacionales te apoyan pues estamos amolados" ah eso si, les juro que mi sobrina terminará de física-matemática, si señor, pero en otro país seguramente y, ese gran talento será para otra cultura que ni la vio nacer...Dios mío que desgracia para nuestra cultura.

3. Publicidad chatarra, ¿Qué porcentaje de comerciales chatarra y de corte sexual hay en la televisión? Yo mejor preguntaría ¿Qué porcentaje no lo es? Creo sería como 5 % sin temor a equivocarme y claro no tengo nada en contra de las empresas pero oiga ya está muy quemado el asunto del sexo y las idioteces que tiene a la gente en las nubes pero claro al pueblo pan y circo. ¿Ha notado cuánto tiempo ven sus niños los dibujos animados y programas que los embrutecen? y usted ¿qué tal el fut bol del fin de semana, la cerveza y el cotorreo?, no pues padre así soy feliz y me des-estreso. Y... ¿el tipo de cambio del dólar?, ¿La bolsa de valores?, ¿los indicadores macro económicos de hoy?, ¿la reserva del banco de México? ¿La reserva de qué?...no me venga con cosas raras. En fin ya me entendió creo, ah me

faltaba hacerle una pregunta ¿usted sabe quién permite toda esta basura?

4. ¿Ha escuchado algo como lo siguiente?

Las reglas se hicieron para romperse, si me paso el alto no pasa nada, al cabo ni me ven, una mordidita lo arregla todo, yo no hago caso a esa regla, está de más; en fin siempre estamos cuestionando el orden y las reglas, nos encanta romperlas, mire usted hace un tiempo tuve una cátedra sobre algo de eso de la ética y el instructor nos contó la anécdota del taxista mexicano, permítame contársela.

En una gran ciudad de nuestro país se sube un turista extranjero a un taxi y le pide al conductor lo lleve a una dirección de una conocida colonia, el turista se sienta en la parte trasera del vehículo y saca un librito para aprovechar el tiempo (así son ellos), luego de un rato el turista levanta la vista y le parece que el conductor no respetó la luz roja de un semáforo y presta mayor atención dejando su libro por un lado, al cabo de unos momentos se percata de que efectivamente el taxista se pasaba la luz roja y entonces le dice: oiga se va pasando la luz roja de los semáforos, a lo que el conductor le dice tranquilamente: mi hermano también se los pasa, el turista se queda callado y se reclina ya medio preocupado, al cabo de unos instantes nuevamente ve una luz roja y ve que se pasa de nuevo y esta vez le reclama nuevamente: oiga no la amuele está muy peligroso eso, usted se pasa todo los altos, el taxista tranquilamente le dice: mi hermano se los pasa. Después de algunas cuadras se ve la luz verde y el taxista se detiene abruptamente, a lo que el turista extrañado le dice: que barbaridad, si ahora la luz está en verde ¿por qué demonios se detiene?, entonces el taxista se voltea y le dice: es que mi hermano puede venir y mejor me detengo no vaya a ser.

¿Ahora entiende amigo el mensaje? *Violar las reglas hace que se pierda la confianza.*

5. ¿Sabe usted qué porcentaje del ingreso de una nación desarrollada se destina a la investigación? pues por decirle algo EEUU destina entre el 4 y 6% mientras que en nuestro país no rebasa el 1% y ese porcentaje rara vez da buenos frutos.

6. Nuestro país tiene un alto índice de fuga de capital intelectual y el apoyo en becas como lo mencione antes es para niños de muy bajos recursos y sólo para que se lleven algo a la panza si bien les va, más no para que sean competitivos a nivel mundial, nuevamente que desgracia.

7. Si reconocemos que con todos los contras que se tienen para desarrollarse, quien lo logra lo cuida celosamente con uñas y dientes y, no es raro que haga lo que tenga que hacer y, a costa de lo que sea para sobresalir o le comen el mandado.

8. Este último punto me da mucha tristeza, mire usted me ha pasado noches completas platicando y buscando soluciones con compañeros de trabajo, familiares y amigos, sin embargo por lo regular llegamos al mismo punto donde comenzamos y es algo muy triste sentirse en un medio completamente viciado y corrompido, donde gana la apatía y el conformismo, y todo esta enmarañado en el poder de grupos políticos, en intereses de alguna persona o grupos diversos, en dependencias teatreras, líderes que no sueltan el tesoro, que mancillan a sus

enemigos, que se aprovechan de su armadura para hacer caprichitos y abusar de su poder...bueno en fin un verdadero asco, y mi pregunta final de siempre es ¿y nuestro país ante el mundo, cómo puede competir con eso?, de nueva cuenta ¿como diantres vamos hacia la globalización si ni nosotros nos ponemos de acuerdo?, ¿Cuándo pensaremos en nuestra patria antes que en nuestros intereses personales?, ¿no nos hará falta una mecanismo muy fuerte que detone el cambio y que nos sacuda muy dolorosamente? Recuerde lo que pasó con Japón al final de la segunda guerra mundial.

Después de razonar brevemente cada uno de los puntos anteriores no me queda más que recomendar que no hay que sentirse víctima, claro, hay que ser temerario y audaz para salir adelante eso ni duda cabe, por supuesto que no es imposible.

Hago la aclaración que mis puntos de vista no son contra la política ni contra nadie que la represente, sin embargo en ella también hay equipos de trabajo como el congreso, los partidos y los gabinetes, no olvide que ellos también son de esta cultura y pues tienen todas las debilidades como integrantes de dichos equipos, es por ello que no importa el color que porten al final de cuentas todos somos harina del mismo costal.

El tema se enfoca principalmente a cualquier grupo u organización donde se desarrolle de manera normal trabajo en equipo y liderado de manera común y corriente, sin embargo tiene muchos matices, pues difícilmente se puede vivir aislado de todo lo que interviene externamente como la política y la sociedad en general.

Es por ello que en las siguientes líneas esbozaré un modelo que considero muy apropiado para hacer que en los equipos trabajen como dios manda, este es, resumen y punto de vista personal.

PARTE 2

El ciclo y rol del Líder.

El ciclo de un líder en un equipo de trabajo.

A MENUDO EL TÉRMINO líder nos confunde y no lo podemos encuadrar, y en realidad no existe una definición exacta para el mismo, sin embargo algo muy común en los líderes es su capacidad para tener seguidores y lograr la tarea eficaz y eficientemente al mismo tiempo. Una persona que prepara sin miramientos y limitantes a uno o más sucesores, luego se va a otra parte del grupo o fuera incluso de la organización.

Algo muy importante es comprender que un líder no es para siempre e incluso, es dañino para él y para el grupo, debiendo permanecer sólo en las etapas iniciales del equipo.

El problema principal es que las organizaciones no reconocen y alientan la práctica de encontrarlos, reconocerlos, aprovecharlos, y por último y muy importante *moverlos*, si mi amigo, así es, si no se mueve un líder es como un barco encallado el cual se oxida y destruye poco a poco.

Pasos de la vida de un líder en un equipo de trabajo.

Antes que nada debo mencionar que estas ideas no son del todo y propiamente de mi cosecha, yo simplemente, las comparto, apoyo y confirmo, agregándole mis puntos de vista.

Etapa 1.

Un nuevo equipo nace y el líder (pensemos que es un buen líder) está al centro del grupo, atrae gente competente, contrata o importa personas de otras áreas de la organización, los prepara, organiza apoya y genera sinergia.

El buen líder debe tener cuidado de no menospreciar talentos de los que tenemos y no los vemos o ya están quemados por que cometieron un error o por mera opinión muy personal de alguien que estuvo antes o que está cerca y puede etiquetarlo para siempre (que barbaridad), si traemos gente de fuera o de otras unidades y los instalamos en las posiciones que otras personas merecían, entonces estaremos firmando un documento llamado "adiós productividad y cooperación", y por dios que nos encanta hacer eso con gente que tenemos alrededor. He visto tantos talentos muertos, olvidados, menospreciados que sólo vienen hacen como que trabajan, cobran y adiós. Que lastima y pensar que es un gran porcentaje, claro por qué no decirlo, hay almas brillantes que sobreviven y salen adelante, pero son muy raros, estos fenómenos ralentizan tremendamente la productividad y la sinergia.

Mire usted un caso que es el colmo, hace un tiempo le fue asignada una persona de 50 años a un gerente de un departamento porque su director consideró que ya no le era útil y lo liquido al 50%, le dejo la mitad de sueldo y literalmente lo "desechó" pero eso no es todo, pues aun no contento con eso, le prohibió hacer lo que normalmente había hecho durante 20 años y dio la indicación tajante de que se asignara a funciones totalmente diferentes de las que toda su vida profesional había hecho, y su nuevo Jefe hizo exactamente lo contrario(se la jugó y lo felicito), lo mandó a capacitar en lo último de la moda de su especialidad, le dio proyectos que hace mucho estaban pendientes y, el empleado los tomó con mucho gusto y su potencial floreció de nuevo, como un adolescente, y ahora es una persona muy positiva y dedicada, claro alguien se las tendrá que ver con el mencionado director.

Bueno pero sigamos con el tema de las etapas. Después de un tiempo el equipo pasa por algunas etapas críticas y finalmente realiza de manera eficiente el trabajo con buenos resultados, aquí quedan fuera los indisciplinados, desleales e incompetentes. Si usted cree que no debe haber conflictos está muy equivocado, olvídese de flores y apapachos, las crisis son necesarias e inevitables, mire usted, si aseguramos que en un equipo todo es miel entonces alguien está mintiendo y tapando la realidad, esto equivale a asegurar que en un matrimonio jamás hay un conflicto, por dios que gran mentira.

El tiempo para esta primera etapa varía entre uno y cinco años dependiendo del nivel y tamaño del equipo, así como también de los retos que se hayan impuesto en la etapa inicial.

Aquí la prueba principal que debe enfrentar el líder es: no volverse parte de los problemas y estancarse indefinidamente, también lo será de sus superiores si deciden dejarlo en ese lugar porque les funcionó el cambio, con lo que estarán desaprovechando completamente su potencial para otros proyectos de mayor tamaño.

Si no se pasa a la etapa dos que es la siguiente ¿qué puede suceder?

Créame yo lo he visto, pasa lo siguiente:

Muere la sinergia, el líder se vuelve tirano, aparecen vicios y al poco tiempo la chispa del equipo muere, la autodestrucción es inevitable. Pero desgraciadamente el líder puede sentirse seguro en su trabajo pues cuida su posición y tal vez gana bien. Esto está muy mal.

Pero si pasa esta etapa, entonces veamos la siguiente:

Etapa 2

El líder trabaja en conjunto y codo a codo, supervisa, apoya, corrige cualquier desviación, desempeña función de armonizar el grupo y vigila cada detalle, mueve las piezas inter grupales, ésta etapa es muy breve y puede ser alrededor de un año.

¿Pero qué pasa o puede pasar si no se brinca de esta a la siguiente etapa?

De nueva cuenta pasa lo siguiente:

Muere la sinergia, el líder se vuelve inseguro, se pierde el respeto por él y, surgen los líderes oportunistas y se espera un periodo de desorden y caos, yo sé lo que le digo amigo, muévalo.

Etapa 3.

El líder se retira un tanto de las tareas y ve desde fuera el desempeño del grupo que ya ha sido facultado para desarrollar cualquier proyecto o resolver cualquier situación, sólo apoya en eventualidades si es requerido por el equipo. Los integrantes aquí deben ser capaces de trabajar sin el líder o de lo contrario no es un buen equipo, lo que quiere decir que el líder no los preparó o dejó desarrollarse adecuadamente. Y aquí no hay de otra, o se comprometen o al traste con ese equipo, ¿qué debe hacerse? Hágalo de nuevo y dé la oportunidad a otro buen elemento en potencia para demostrar y desarrollar su potencial. Y entonces regrese al paso uno.

Bueno pues hasta aquí van sólo tres etapas y ya vimos lo que pasa, ahora vamos a la siguiente y créame es la más insegura y peligrosa para una organización y cada líder que la vive.

Etapa 4.-

¿Qué pasa aquí?, ¿Cómo es en nuestra cultura y cómo debe ser esta etapa?, ¿qué riesgo está latente y muchos temen?

Aquí es cuando el líder deja por completo el camino y las funciones a los demás miembros del equipo y puede parecer a simple vista que el ya no es necesario y sobra e incluso ya estorba y como los grandes exitosos en el mundo del espectáculo es el mejor momento para retirarse pero no de la organización si no del equipo que acaba de formar y dejar. Sin embargo, como las empresas no practican sistemáticamente esta tarea entonces pueden pasar dos cosas:

1.- El líder es llevado a otro reto en la organización para repetir el proceso, pues ha demostrado la eficiencia. (Esto *debe* ser por sistema, no por eventualidad) o la opción siguiente.

2.- Como sucede en muchos casos, es olvidado relegado e incluso despedido (a la calle o al olvido) por el sistema, o, con un golpe de suerte "alguien le tiende la mano" y es movido (pero no por sistema) si no como una eventualidad o por un favor personal o algo parecido, sí señor, no lo olvide, hablamos de un líder que no tiene palancas pero si talento, de aquellos que el sistema rechaza muy fácilmente por así convenir a algunos cabecillas o porque no son tan agradables por hablar claro y crudamente la mayoría de las veces.

Hagámonos las siguientes preguntas y reflexiones.

¿Entiende por qué no se hace un buen trabajo en equipo?, ¿por qué los líderes mueren o son olvidados?, ¿por qué nuestra cultura mata a sus líderes?, ¿por qué muchos jefes prefieren tener incompetentes y disfrazar así su propia incompetencia, y convertirse en tiranos que cuidan su sueldo y su posición?

Cuantas marañas de diplomacia, labia, burocracia y demás aparecen para justificar la estancia de alguien que ya no es bueno que esté en dicho lugar. Podemos decir incluso que a veces ni siquiera muchos subordinados merecen un buen líder pues ellos mismos lo desconocen y traicionan al cabo de un tiempo cuando desean el puesto.

¿Qué podemos hacer para romper con esta inercia dañina?

Le menciono algunos pasos importantes:

1. Primero que nada, debemos entender el concepto de las etapas que tratamos.
2. Detectar qué equipos y líderes (si los recuerda aun) están en dicha situación y reactivarlos.
3. Eliminar elementos dañinos o inservibles (usted sabe quiénes son pero cuidado no los confunda y elimine a quien no le agrade sólo porque no le da los buenos días).

4. Analizar las etapas de cada líder por cada unidad de negocio y macro-proceso para reactivarlas.

5. Obligar a que la gente se prepare académicamente (no basta apoyarla si lo desean hacer, P-I-D-A-S-E-L-O).

6. Evite preguntar ¿Quién hizo esto o aquello?, es mejor preguntar "¿quienes hicieron esto?", si seguimos preguntando sólo quién, entonces nunca se eliminará el individualismo, y, si de plano considera que algún elemento no aporta nada al equipo, por dios pues no comprendo porqué aun sigue ahí, es mejor eliminarlo de tajo y salvar a los demás, no tenga miedo a la junta de conciliación mi amigo, es mejor un gasto fuerte de tajo que una estancia larga, cansada y fastidiosa de un elemento inservible.

7. Elimine estructuras de la organización que destruyen al líder, hay muchas sólo vea el siguiente ejemplo, el cual aplica en una estructura piramidal, si usted encuentra una coincidencia no sería raro.

Un gerente de departamento de una matriz no tiene autoridad directa sobre su homologo del mismo departamento en una sucursal, sin embargo se le pide resultados sobre esa parte, luego entonces es desobedecido por aquel elemento y, ese elemento es protegido por el jefe directo que tiene en dicha sucursal, sin embargo el gerente del que hablamos tiene que dar la cara por el departamento, cayendo en un juego que he llamado "fetichismo de autoridad", por lo que debemos reconocer que es la muerte para un líder que se le exija responsabilidad sobre personas que no tiene autoridad (claro, hablamos de líder y estructura formal), no es que no crea por ejemplo en una estructura matricial o funcional pero debemos tener cuidado al aplicarla.

PARTE 3

Vicios de la organización.

Vicios organizacionales

VAYA TEMA QUE pesado y tedioso, muchos prefieren esquivarlo y no complicarse la vida, créamelo lo digo en mi propia experiencia, ya me volvía loco al leer muchos temas de autores sobresalientes y para los cuales tengo gran admiración pues hablar de liderazgo no es tarea fácil, y si usted es físico-matemático creo difícilmente lo entenderá.

Opté por no frustrarme y entender mejor por qué tantas teorías sólo eran buenas en los libros y no así en la práctica, y bueno es lógico pensar que no podemos aplicar todo, pero hombre tampoco ser extremistas de pensar que no funciona nada de todo ello.

Los desordenes de conducta y manera de actuar en lo individual crecen radicalmente y se van acrecentando en cuanto se agrupan a las personas, la suma de muchos burros es igual a un grupo súper burro, es por eso que debemos cambiar, seleccionar y preparar a cada individuo primero, luego entonces ya agruparlos y les auguro mejores resultados, para que no se me vaya por otro lado le puedo decir que aun así no es del todo garantía de éxito tener integrantes inteligentes y competentes agrupados, más delante les hablaré del aprendizaje organizacional.

En las siguientes páginas encontrará lo que seguramente ha vivido o está viviendo, no concibo que alguien pueda no estar afectado o protagonizar algunos de los vicios que se dan en una organización o equipo.

Desde que una organización nace y a lo largo de la vida pasa por épocas de auge y de austeridad, de cambios y de estancamiento, y por fin, desaparece o bien, se reinventa por completo. Toda organización tiene principalmente dos maneras de cambiar y ambas dependen del mercado o se relacionan con éste.

La primera responde a cambios internos y caprichosos que se imponen al mercado y los consumidores la aceptan, claro siempre y cuando se tenga un posicionamiento dominante con respecto a los competidores, si es que los tiene. Por lo regular esta forma no es muy abrupta y a menudo no representa presión alguna, no es necesario que sus integrantes sean competentes del todo y se generan vicios organizacionales muy graves y permanentes.

La segunda es provocada por alguna fuerza impulsora externa como puede ser: La competencia y la tendencia o los gustos y preferencias de los consumidores.

Cuando una organización necesita pasar de una etapa exuberante a una de austeridad, y a la vez volverse más productiva es cuando viene el verdadero reto para la cultura.

Debido a que los integrantes tratan de continuar con la inercia y al ver que ya algo no funciona igual y los dividendos disminuyen, entonces se comportan como niños mimados y caprichosos que aun no pueden comprender que su estatus y soberanía están en riesgo y no aceptan que deben limitarse y actuar con madurez, competentemente y sobre todo con humildad. Cuando se denota una situación de este tipo, empiezan a resaltar y aparecer todos los defectos que, en épocas de bonanza eran pasados por alto y la rentabilidad del negocio los encubría. Si alguna decisión se tomada por un ejecutivo y ésta no resultaba y generaba perdidas tampoco se notaba, y la organización los absorbía, en fin, en resumidas cuentas no era muy importante ser productivo y eficiente, la mediocridad tenía terreno fértil.

En las siguientes líneas se muestran tácita y crudamente un resumen de algunos vicios de una organización y las posibles acciones a seguir si se busca un anhelado cambio tecnológico y socio-cultural. Pueden sonar agresivas, créalo, no lo son, comparadas con la crueldad del mercado y la competencia, ellos no tienen compasión. Con todo esto se busca aportar ideas para alinear y corregir brechas que frenan y limitan el crecimiento de una organización. Le puedo asegurar que el no corregir estos vicios, invariablemente llevan a que una organización vaya al ocaso, créame ya lo viví.

De valor intelectual:

El valor intelectual que está compuesto por la tecnología, la estructura organizacional y el capital humano, es de suma importancia sea fortalecido y explote al máximo, pero en primer orden está el capital humano, éste se debe fortalecer verificando el adecuado nivel educacional en todos los individuos (empezando por los altos mandos y gerentes de niveles que impactan en el desempeño). Ya no es posible ser competentes sin una preparación de alto nivel y de calidad. El mercado lo exige, no es sólo golpear fuerte si no asertivamente.

Acción a seguir:

Se debe implementar una evaluación de todos hacia todos los niveles, esto significa que no sólo el jefe inmediato debe evaluar en su desempeño a sus subordinados si no que también éste será evaluado por su personal subordinado y sus colaterales.

Se debe implementar también el plan de vida y carrera en todos los niveles de mandos intermedios y hasta los mayores rangos.

El estancamiento de personas en la mayoría de los puestos (en especial medios y altos) durante más de 5 años provoca: Ceguera profesional, nichos de poder, tendencias personales, sub-culturas, proteccionismo, desorientación, conformismo, tiranía, pérdida de interés y una falta de cooperación. Es necesario también que una vez que se han descubierto las brechas, se cierren de manera eficiente.

Los altos mandos no sólo deben pedir a sus subordinados se capaciten y se preparen siempre, si no que les debe exigir y apoyar para que lo hagan.

Cabe mencionar que el apoyo económico no es el único camino, basta en la mayoría de los casos con apoyo moral y sobre todo con facilidades de tiempo laboral flexible.

El olvido y desconocimiento del capital humano.

A menudo la falta de preparación de los gerentes y en general de los mandos intermedios hace que se bloquee y oculte a personas que de alguna manera han hecho un gran esfuerzo por salir adelante.

Con tristeza a menudo se forman opiniones de burla por altos mandos que aseguran que la preparación de pos-grados es sólo para hacer tonterías de mayor magnitud o que no sirven de nada, que ellos saben todo sin necesidad de dicha preparación, siendo ellos quienes deben promoverla y exigirla.

A menudo se contratan personas con niveles inferiores al del "Jefe" con la finalidad de no verse "menos inteligentes" sin darse cuenta que, con ello, crean grupos completos ineficientes e incompetentes, y a su vez éstos lo heredarán por generaciones.

Acción a seguir

Seamos claros, las empresas no están estructuradas en torno al capital intelectual, están organizadas en torno al poder. Por eso es muy difícil encontrar la contribución del puesto de una persona, la participación está escondida en una maraña de poder y envuelta en niveles gerenciales. Ahí está el reto: *organizar a las empresas en favor de las estructuras de conocimiento.*

Busque, reconozca, desarrolle y aproveche el capital humano, existe el potencial pero esta menoscabado y reprimido.

"Solo a través del conocimiento se logrará la competitividad en el mundo globalizado".

"La gente necesita armas sofisticadas para luchar, ya no basta un mazo y fuerza bruta".

De valores éticos y comportamientos.

La barrera nebulosa.

En muchas organizaciones existe una barrera invisible entre los niveles altos y los bajos que impiden que la verdadera realidad fluya y se conozca por la alta dirección, lo anterior ocasionado por el miedo y el proteccionismo enfermizo de personas que cuidan su "nicho de poder" (cultura muchas veces heredada y, desgraciadamente arraigada y pasada a las generaciones nuevas inconscientemente).

Dicha barrera debe ser eliminada y, dejar que la alta dirección tenga un panorama libre de polvo y nubarrones.

Acción a seguir

Los directivos de un organización no deben confiar de todo lo que le llega a sus manos (aun cuando así debería ser), deberán verificar de vez en cuando. Es importante comprender que la gente no siempre miente o disfraza por traición, si no por el mismo temor a equivocarse y verse incompetente.

La cultura robotizada.

Es de suma importancia entender que en todas las organizaciones se trabaja con personas y no con androides obedientes, la gente siente, se cansa, piensa, se estresa, tiene necesidades de todos los niveles.

Un ejemplo muy claro en algunas organizaciones es: el no dar debida importancia al personal femenino, sentenciándolas a trabajar sin tener una relación estable de pareja, y, luego entonces ellas sacrifican esa parte y, ¿qué sucede? Pues nada menos y nada más que aun así son menospreciadas al limitarlas en su crecimiento profesional, y se les concede ciertos niveles modestos en la estructura, vaya contradicción, todo lo anterior hace que jamás logren una realización plena como ser humano, dado que, como lo estipuló Abraham Maslow en la pirámide de necesidades del ser humano que dice: "si un ser no logra satisfacer sus necesidades básicas, jamás lograra alcanzar la realización como persona". Estará condenada a una vida mediocre y falta de cooperación. Son integrantes desaprovechadas.

Acción a seguir.

Desarróllelas, libérelas, deles puestos de mayor responsabilidad y se explotará un sin fin de recursos escondidos, las mujeres suelen ser más fieles y honradas en el trabajo.

La cultura del "Urge"

Se hace a menudo un abuso desconsiderado de esta palabra, que en la mayoría de los casos se incurre en confundir decisiones "urgentes" con "precipitadas", hay una gran diferencia entre ambas.

Por lo regular las actividades precipitadas responden a una nula o deficiente planeación y por desgracia se premia a personas que parecen atareadas y que "dan solución inmediata a un problema" y, se omite la gran premisa de que: "a las personas se les debe retribuir por evitar problemas, no por resolverlos", claro está que no todo es predecible, pero hay mucha diferencia con estar apagando fuegos todo el tiempo.

Acción a seguir.

Se debe cuestionar a las personas cuando usen ese término, aclarándoles que deben estar conscientes de que, no sea por resultado de una planeación deficiente y/o tener cuidado de no confundir con "precipitarse". Así también debemos tener herramientas eficientes de planeación y modelos adecuados para llevar proyectos a un buen término.

La venta del estrés.

El estrés, que en ocasiones es inconsciente se obtiene con una formula muy sencilla: "falta de planeación + necesidad de resolver la tarea urgente = estrés". Incluso a menudo se tiene la mentalidad de que si el subordinado no se preocupa y estresa entonces no está cooperando. Por ejemplo: si se emite una orden desde altos mandos y, ésta se va bajando a niveles inferiores hasta que se recibe por quien finalmente la ejecutará, lo más seguro es que por cada nivel se le agregará una pizca de estrés que provocará el descontento y la apatía a realizar dicha tarea con la consiguiente consecuencia que puede afectar el resultado y peor aún, los males de salud, muy de moda por cierto en la actualidad.

Lo anterior es un modelo muy arraigado y ahí está, acechando sin que se entienda porqué no se puede desterrar.

Acción a seguir:

Destierre el estrés innecesario, hay que entender y es verdad que en la vida actual se debe convivir con él, pero no cuando es en vano o sólo por costumbre, si lo usamos de manera abusiva debemos esperar males de salud de muchos de nuestros colaboradores.

La idea de que no pasa nada.

Con frecuencia no se miden las tendencias y las consecuencias que llevan a una organización a la decadencia, y eso se refleja en la idea de que trabajando muy duro en una actividad lograremos salir adelante, esto es cierto en gran parte, sin embargo debemos tener cuidado de no hacer muy bien una actividad equivocada, ser obstinado ciegamente puede ser una arma de doble filo.

A menudo se trata de engañar a muchas personas y a uno mismo de que no pasa nada y que con trabajo arduo saldremos adelante.

Acción a seguir:

Debemos asegurarnos de hacer siempre la tarea adecuada, si remamos muy fuerte en dirección equivocada habremos errado la meta.

La renuncia Virtual.

Existen personas que desde hace mucho tiempo ya renunciaron a la empresa, son meros zombis que deambulan por ahí, critican negativamente, envenenan a la sangre nueva, llegan y se van, comen, cobran, hacen lo de diario con un tedio que da miedo, etc. es un ciclo fastidioso. El potencial está ahí pero dormido o tal vez ya muerto.

Acción a seguir:

Esas personas necesitan "re-ingresarse", "revivirse", que les devuelva la fe perdida, en fin...necesitan creer y renacer.

Esas personas ya no son creativas y desgraciadamente frenan la sinergia del trabajo en equipo. Gran parte de lo anterior se logra con el simple ejemplo de practicar de manera vehemente los valores que una organización ha implementado y alardeado.

Ceguera lineal

Existe un fenómeno que limita el cambio y éste consiste en que por lo regular si se le pregunta a un subordinado una opinión acerca de su superior inmediato, éste posiblemente le achaque la mayor parte de sus males, pero vaya sorpresa, si se le pregunta lo mismo al jefe y opina del de más arriba es muy probable que opine lo mismo, y si seguimos más arriba se repetirá el proceso hasta llegar al más alto nivel.

Debemos pues entender que es un mal sociocultural que está muy arraigado y que en todos los niveles hay deficiencias que, en la mayoría de los casos son heredadas a través de generaciones.

Acción a seguir.

El primer paso para sanar es reconocer que hay un mal generalizado.

La honestidad es la única herramienta útil para reconocer que todos tenemos algo que mejorar y reconocer también nuestros errores aún cuando sean dolorosos, "no podemos castigar a nuestros hijos por su conducta sabiendo que es resultado de haberlos guiado o educado mal, mejor démosles armas para cambiar".

El jefe sagrado.

El fenómeno del poder, que radica en que "A tiene algo que B necesita, entonces B depende de ese algo que tiene A para cubrir una necesidad, entonces A tiene poder sobre B", esa simple dependencia que parece tan sencilla puede provocar que se desencadenen grandes abusos de poder que generan largas tiranías e injusticias.

Una pregunta muy sencilla es: ¿si un subordinado hoy, obtiene una gran suma de dinero, suficiente para retirarse y hacer su propio negocio, ¿el jefe inmediato y la organización tendrá poder sobre él?, ¿se ha preguntado por qué la gente "obedece"?, la respuesta es sencilla: en ese momento se deja de tener poder sobre él, dado que se corta la dependencia inmediatamente y entonces, el trabajador podrá expresar lo que verdaderamente piensa y siente pero...ya se va, qué importa.

Acción a seguir:

Debemos aceptar el reto de hacer que la gente funcione de manera más voluntaria, desgraciadamente los bienes se obtienen por medio del dinero y con él cubrimos las necesidades elementales de sustento. ¿Alguien trabajará realmente sólo por amor a la camiseta?

Debemos vigilar que nadie abuse del poder legítimo que adjudica la estructura formal de una organización.

La falsa fachada.

Tal como sucede cuando los jefes de gobierno de cualquier nivel visitan una ciudad o una colonia, los responsables de dicha área incurren en tareas "urgentes" como recoger la basura, pintar las rayitas de la calle, tapar baches y, claro sólo por donde pasará el personaje. Incluso cuando dicho funcionario pasa, se le invita a ver lo que sobresale espléndido, con ello se logra quedar bien y, ésto se sentirá satisfecho y complacido, sin embargo con esta mentira sólo se logra crear una falsa fachada que no arregla nada, se invierte dinero innecesariamente, mientras los verdaderos problemas permanecen ahí ocultos y acechando. ¿Cuánto se gasta en esto?, ¿Cuánto estrés provoca?, Sólo para lograr una opinión positiva pero falsa, eso si, con ello, se logra seguir en el "puesto".

Definitivamente con frecuencia se le pone más énfasis en quedar bien con el "visitante" o el "jefe" que con los clientes, que, al final de cuentas son quienes traen el sustento, si atendiéramos con las mismas ganas a cada necesidad del cliente como lo hacemos con el "jefe", la permanencia en el mercado estaría un poco más segura.

Acción a seguir:

Si usted es el "visitante", pregunte a sus anfitriones: ¿Y la gente donde está?, cambie su itinerario abruptamente, el recorrido o tal vez la fecha, en fin existen muchas formas de confirmarlo, ah y no crea todo lo que ve, cerciórese, busque en los rinconcitos.

Esta es la opinión real de un operario de intendencia en una empresa: "los jefes nos ponen a trabajar arduamente cuando hay una visita y nos obligan a ocultarnos durante la estancia de ésta, pero no se ponen a pensar que precisamente cuando la visita pasa, deben vernos haciendo las labores de costumbre".

La falsa diplomacia

Por lo regular siempre se dice que debemos ser en extremo diplomáticos y esto es muy cierto, siempre y cuando no tengamos la necesidad inmediata de cambiar radicalmente. No conozco, ni he sabido jamás que se hayan logrado cambios radicales y profundos en ninguna sociedad, grupo u organización, con mera diplomacia. Definitivamente: "los cambios profundos no pueden ser del todo diplomáticos", "No estamos en una fiesta de cóctel o en una recepción de lujo".

Acción a seguir:

Reconozca que la gente tiene sentimientos y, que en muchos de los casos las grandes acciones de la historia fueron logradas con una carga emocional muy fuerte, la pasión empuja. "El mundo no ha cambiado, ni es lo que es por los tibios".

De Tecnología de Informática.

Si usted hace como que controla o como que tiene sistemas tome en cuenta que deben enlazar el total de los mismos, logrando una capacidad acorde a las necesidades de velocidad y capacidad, con una redundancia del 100%, lo anterior se logra con capital humano de alto desempeño y determinación al frente, las organizaciones los tienen, pero a menudo están apaciguados y olvidados a beneficio de un interés extraño.

Debemos aclarar que en la actualidad el que tiene la información instantánea y personal competente es el que se adelanta a la competencia.

"Muchos grandes corporativos por ejemplo, están a nivel mundial en tecnología de producción o en flotilla de vehículos", si no lo están en tecnologías de información es, simplemente porque no han tomado la determinación de hacerlo.

Se entiende que en muchos casos no es la finalidad pero si una poderosa herramienta, que debemos explotar al máximo.

Acción a seguir:

Sólo basta con mirar a empresas exitosas y que han basado muchas de sus decisiones en los sistemas en línea, con alcances entre varios países, dichas empresas tienen la información al instante y deciden muy rápido, pero con bases sustentables en la información, un ejemplo digno de nombrar en nuestro país es Cemex, que ha invertido sustancialmente en TI, compite a nivel mundial en su ramo y, "no vende software ni computadoras". El Benchmarking no es sólo comparar un producto o servicio, también se refiere a analizar: modelos, sistemas y formas de trabajo para igualarlos, adaptarlos y mejorarlos.

Los riesgos pequeños pasados por alto.

Cabe mencionar que en la vida lo que no cambia desaparece, el proteccionismo no es más que un temor a correr riesgos pequeños que a su vez se van a cumulando y finalmente se han convertido en un riesgo de gran magnitud. "cuando no se corren pequeños riesgos, se termina corriendo uno de gran magnitud".

Acción a seguir.

Se debe tomar decisiones muy a tiempo y, necesariamente se debe tener información de calidad y en tiempo real. Jamás se deben perder de vista las amenazas competitivas y la optimización de la cadena de valor.

Crea en los resultados de las intervenciones de grupos consultores externos, pero debe aplicar acciones correctivas inmediatas. Debe aceptar los resultados aun cuando parezcan ilógicos e inexactos, esas intervenciones son estudios profundos de reconocidos intelectuales de la administración de desarrollo organizacional (DO) y, son modelos ya comprobados por expertos en la materia.

Ya no basta sólo nuestra experiencia interna, pues ya no estamos solos. Si no detonamos acciones derivadas de las intervenciones de DO, entonces habremos perdido el tiempo y mucho dinero. Y lo peor: la fe de las personas que participaron activamente.

¿Realmente se interesa por el elemento humano?

Veamos un caso muy común en una empresa del ramo alimenticio por ejemplo: Si en un proceso de producción resulta un lote con una calidad que no cumple los estándares, entonces se queda por ahí esperando a ver que se hace con él, y la primera solución es que se consuma por la propia gente. Si lo vemos técnicamente no es malo y, aun cuando no cumpla las expectativas del consumidor, no es riesgoso para la salud; sin embargo existe un mensaje psicológico muy fuerte que influye directamente en el comportamiento y compromiso de las personas, el cual consiste en que la gente se sienta menospreciada en el entendido de que, al igual que los padres de familia procuran los alimentos de primera para sus hijos, así los trabajadores deberían ser los primeros en disfrutar lo mejor de lo que su propio trabajo ha generado y no las mermas.

Si considera que lo anterior resulta costoso, créalo, es más costoso el precio del resentimiento ya que impacta directo a la productividad.

Otro ejemplo, puede ser que los empleados no se beneficien del todo con ofertas al público y, en muchas ocasiones sólo las ven pasar, y, puede suceder que si una de éstas no tiene éxito y amenazan con quedarse artículos o beneficios, entonces se decide de inmediato se les ofrezca a los empleados a como dé lugar. En fin existen numerosas acciones que provocan que la gente se sienta menos atraída y comprometida con la organización, no podemos esperar la fidelidad completa.

Acción a seguir:

Comparta cosas buenas con ellos, tome en cuenta las opiniones que van directo a la mejora del servicio, del producto o de los bienes de producción, los empleados son perfectos retro-alimentadores para la mejora de todo eso, puede probar dándoles productos nuevos a probar en casa y con su familia, luego proceda a reunirlos y pídales retroalimentación, luego escúchelos, lo más seguro es que ellos mismos den un punto de vista bueno o influyan incluso en desechar un producto antes de que haya ocasionado pérdidas. Parece increíble pero los operarios muchas veces dan mejores opciones de mejora y más económicas que largos y costosos procesos de reingeniería.

Acérquese a ellos, cree empatía, sea humilde, una opción perfecta de acercamiento es que con cierta frecuencia los ejecutivos de altos mandos visiten y sorprendan a un empleado en su casa con una cena o regalos, y él se sentirá muy halagado y contagiará a los demás de esa alegría, es increíble el impacto positivo que se le da a las personas con este simple hecho.

"si las personas están contentas y comprometidas habrá seguramente menos producto no conforme".

¿Realmente se lleva puesta la camiseta?

Como en los tiempos pasados y en los eventos sociales como lo fueron la Independencia y la revolución en nuestro país, existieron personajes que pusieron todo su tesón y su vida para una causa noble que, finalmente se consumó, pero esos líderes eran patriotas natos, no temían perder la vida y se jugaban el todo por el todo. Esas personas no les importaba perder: familia, bienestar, trabajo y la misma vida, se puede decir que ellos no lo hacían por dinero si no por una pasión desbordante y sin intereses mundanos (estoy hablando desde luego de personajes como "Hidalgo" y "Morelos" por ejemplo). Pues bien, si comparamos esos líderes con los actuales la verdad es que nos quedamos pasmados, no existe la más mínima comparación.

Pues bien, la pregunta aquí es: ¿Realmente la gente que labora en la organización y, también los líderes, están dispuestos a dar todo, jugársela del todo por el todo y finalmente tener la posibilidad de perder su estatus?, ¿son fieles y honestos?, ¿alguien estaría dispuesto al sacrificio de retirarse por su propia voluntad si es necesario, para que el barco siga a flote? Claro no se trata de echar todo por la borda y arriesgar a la ligera, por eso se necesitan bases sólidas para aventurarse, esto basado en el conocimiento y la experiencia.

Mi experiencia me dice que muchos sistemas, acciones, procesos y modelos ahí están y, son excelentes, pero las preguntas son: ¿Qué hace falta para que funcionen?, ¿qué los detiene y entorpece?, ¿por qué muere la sinergia y el empuje al iniciarse una nueva actividad?

Las personas deben responder por su trabajo, bajo la disciplina y convencimiento, luchar por la permanencia de nuestra fuente de trabajo, luego entonces debemos, motivar, capacitar, dar el ejemplo y por fin entonces ser estrictos (no tiranos) en exigir el cumplimiento de las actividades asignadas y encomendadas.

Acción a seguir:

La creatividad, la ejemplaridad, el reto, la cooperación, la pasión y la sinergia están dormidas y es necesario despertarlas. Sin ellas, el factor humano está incompetente. Es como un cáncer que ha afectado todos los órganos de un individuo, y es de suma importancia erradicarlo por completo. Sólo una amplia visión, amplio criterio, la honestidad, el deseo de cambiar y el conocimiento lo lograrán. Las formulas matemáticas y los complicados procesos de reingeniería no bastan para solucionar problemas de índole sociocultural.

Frase muy importante:

"El deseo vehemente y la pasión de hacer algo es mucho mejor que mil estrategias"

Las Fuerzas Impulsoras

A menudo las organizaciones que han estado siempre en un buen nivel y que prácticamente representaban modelos de monopolios o de oligopolios tienen la libertad de llevar el rumbo del mercado hacia donde lo desean, el consumidor acepta los cambios por parte de la organización y se someten por que no tienen muchas opciones. Lo anterior provoca que se actúe desconsideradamente y se caiga en un ego muy elevado, el personal deja de ser humilde y servicial, se generan patrones administrativos cerrados y necios, que se van heredando y asimilando como apropiados y eternos.

Pues bien, después de algún tiempo y con la llegada de la globalización y las amenazas extranjeras que por lo regular impactan con la competencia por precios y que no ofrecen generación de riqueza para nuestro país como lo son: Empleos, compromisos reales con la sociedad, igualdad en sus portafolios de servicios y transacciones más equitativas con sus socios de negocios, y, eso desgraciadamente no lo ve la masa popular y entonces consumen sus "baratijas" y los hacen crecer y posicionarse en el mercado con cierta participación.

Todo lo anterior hace que irremediablemente se tenga que cambiar y, si no se entiende ese cambio o, peor aún, si no se acepta y rompen los paradigmas existentes y se adoptan nuevos modelos, entonces irremediablemente es necesario que la organización "muera y renazca" para así entender de una vez por todas. Definitivamente el mercado obliga, es como un juicio final sobre "una organización que no entendió", pero de que cambia no hay la menor duda, a pesar de la ceguera existente.

Acción a seguir.

Rompa paradigmas, rediseñe la arquitectura organizacional, cree o fortalezca su sistema de evaluación de desempeño, redefina su manera de incentivar, escuche a su gente, reinvéntese, reinstale la creatividad, prepárese para el futuro, haga escenarios de distinta índole, cree prototipos, capacite a su personal, intente nuevos negocios, estudie las tendencias de los consumidores y cuide que nunca dejen de percibir mayor beneficio que lo que pagan por su servicio o producto, adelántese a las necesidades, cree proyectos a largo plazo, no se aferre a lo que ya no es redituable, si le quitan la comida del plato no se lamente, vaya por otro más rico y apetitoso, deseche la hipocresía ejecutiva, la soberbia, el nepotismo y las conveniencias personales.

"Mil nuevas estrategias no funcionan sin un cambio de mentalidad"

"las soluciones de ayer son los problemas del presente".
Peter Drucker

"Un nuevo paradigma aparece, cuando el anterior no puede explicar algunas situaciones que se presentan".

"En una organización podemos despedir a la mayoría de las personas e ingresar nuevas, pero si les enseñamos los mismos paradigmas, no hemos cambiado nada".

"El que no arriesga nada, termina arriesgándolo todo".

El Gerente abandonado

En ciertas ocasiones los Gerentes sienten que han quedado solos contra el mundo, y como que todo se viene en contra: sus allegados, la gente con la que contaban y confiaban ciegamente ya se han ido, sienten como si les quitaran los brazos; Peor aún, piensan "me han abandonado en el peor momento".

Esa gente era experimentada y fiel, tomaba decisiones acertadas y con una intuición increíble.

Lo anterior es muy cierto y desgraciadamente la vida no es perpetua y no podemos pensar que el destino de una organización está en manos de dos tres personas solamente, hay demasiada gente con potencial, pero está olvidada. Por otro lado, no es del todo cierto que para ser exitoso se debe conocer al 100% el ramo o proceso en el que nos desenvolvemos, conozco casos de gran éxito de administraciones que han tomado las riendas de una empresa moribunda y, no sabían nada del negocio, pero aplicaron los principios y conocimientos elementales y de moda en administración, aprovecharon los recursos internos de los especialistas.

Acción a seguir:

Busque a sus mentores, genere equipos de Coaching, seguro que los hay: potenciales, o a medio desarrollar, pero ahí están esperando los tome en cuenta.

"Usted no está solo"
"los proyectos que perduran por mucho tiempo van más allá del periodo de vida de una persona".

El efecto Veleta (paradoja).

Esta breve semblanza hace una comparación entre el funcionamiento de una organización con el mercado en el que se desarrolla, donde el mercado es el viento y la organización la veleta.

Se emerge alzada y resplandeciente en una llanura limpia y serena, se mueve ligera y silenciosa al ritmo del viento suave, la brisa siempre sopla a su favor, nada parece perturbarla en su afanosa tarea de extraer agua.

De repente un día el viento deja de soplar y se detiene, el liquido que fluía ya no lo hace más, sin embargo la llanura tiene otras fuentes de abastecimiento y parece que ya no hace falta y nadie se preocupa por ella, pasa mucho tiempo y el estatismo hace presa de ella, el mecanismo y sus engranes empiezan a oxidarse y a atrofiarse, así pasa mucho tiempo.

Un día el viento llega repentinamente y ésta intenta moverse de nuevo, pero vaya sorpresa el viento no es tan benigno como antes lo era, ahora es una turbulencia infame que amenaza con derrumbarla, las aspas intentan moverse pero el oxido impide que giren a favor del fuerte viento, y resulta que hay dos posibles opciones: la primera, que el fuerte viento la derrumbe si no gira y, la otra, que su mecanismo sea lubricado y reactivado de nuevo para que se desenvuelva de manera ágil y segura. El agua que había en los alrededores ahora escasea y la necesidad de extraer el preciado liquido se intensifica, es cuando por fin se debe tomar la decisión de revivirla, pero ahora con piezas más robustas e inquebrantables. La turbulencia siempre lleva una dirección y, si cambia repentinamente, hacia esa misma dirección deberá girar instantáneamente.

PARTE 4

Otros fenómenos y vicios en la organización

Tire lo obsoleto pero no deseche la experiencia.

ES MUY SABIDO por todos que en nuestros países tenemos el problema de la edad, resulta que después de los 30 o 40 pues ya la mayoría se mantiene en su puesto por mera necesidad o por seguridad, luego aun así las empresas se deshacen a menudo de personas que ya no consideran productivas sólo por el mero pretexto de su edad, sin darse cuenta que muchas veces dejan ir la experiencia en su mejor momento a la calle, y, si las personas se van a otra empresa donde no importe ese factor pues estarán aprovechando lo que el anterior patrón no tomó en cuenta, y con suerte si estas personas consiguen hacer su propio negocio o emplean su experiencia para sí mismos habrán logrado algo importante.

Es de suma importancia reconocer que existen elementos que no aportan nada de regreso a la organización y están obstruyendo el avance, descúbralos y diferéncielos con mucho cuidado, luego trate de reactivarlos y si no responden entonces mejor invíteles a retirarse de su organización.

Los quemados por herencia.

Este vicio, que es en mi opinión una maldición, afecta de manera muy significativa, y desgraciadamente lo he visto y peor aún lo he vivido, ¿en qué consiste? Pues fácil, mire usted, resulta que con demasiada frecuencia los elementos menos productivos son los más "aduladores" entendiendo por esta palabra a aquella actitud de alabanza falsa hacia los jefes que pueden ayudarle o perjudicarle, actuando de manera halagadora en todo momento y siguiendo las frases "si señor", "lo que usted diga", "si usted dice está bien", ah que barbaridad. No entiendo cuan ruin es la gente por mantener su lugar de trabajo por un simple sueldo. Pero veamos el otro lado de la moneda, existen personas muy competentes y capaces que no tienen que actuar de manera halagadora pues con su trabajo demuestran todo y, estas personas por lo regular no son de mucho agrado a sus superiores, entonces sucede lo peor y he escuchado lo siguiente "pues será muy bueno pero al jefe no le agrada por testarudo y con eso no llegará a nada", lo que cabe mencionar es que esas personas son las que verdaderamente se necesitan en la organización(lea Re-Imagina de Tom Peters), maldita sea como podrán entender eso, yo les digo una cosa: tuve dos personas que, debo admitirlo no me agradaban al 100 % pero, eso si, sacaban el trabajo y el departamento era productivo. Pero bueno volvamos al punto clave, resulta que esas personas capaces por alguna razón no compaginan con alguna política o estilo de su jefe inmediato o más arriba de la estructura y crean un fantasma invisible que la gente comparte y que es como un saber generalizado que llamaría "aprendizaje organizacional negativo", no si para eso somos buenos, entonces eso los etiqueta y créame que es una etiqueta muy cruel, pues aun después de que ni siquiera existen ya sus jefes, por alguna extraña razón siguen estancados sin poder salir ni recibir una nueva oportunidad, al cabo de un tiempo esas personas se vuelven tipos renuentes, coléricos, cansados, con la vitalidad debilitada y su participación se ve reducida, se cae en un círculo vicioso donde los jefes los condenan y, a su vez esos elementos más se retraen, que malo está eso.

Otros elementos son o fueron quemados por otra razón que fue por ejemplo: Cometer un error grave en el trabajo, que su jefe no perdonó, pero que tampoco fue despedido y, desde entonces lo etiquetó, para finalmente dejarlo en esa "tumba" y permaneciendo ahí aun después que el jefe ya ni siquiera estaba dentro de la empresa.

Actuar contra de la corriente puede ser peligroso si desea mantener el puesto.

Al hablar de este tema no puedo dejar de recordar un magnífico libro de Patrick Lencioni que se llama "las cinco tentaciones de un gerente", se lo recomiendo amigo y, algo que me llamó mucho la atención es lo referente a la primer tentación que dice que lo primero que hace un gerente es tratar de cuidar el puesto y la posición, y es muy cierto, yo lo veo a diario, mire usted yo he observado que casi todo el mundo por cada decisión que debe tomar lo primero que se pregunta y de manera inconsciente es ¿con esto mi puesto se tambalea o corro algún riesgo en mi trabajo?. Entonces busca "socios" y claro lo más seguro es hacerse compadre al jefe inmediato. Además algo muy delicado es atraerse gente que de alguna manera no atentará contra la posición y pues que mejor que alguien menos competente. Pero el punto primordial de estas líneas es que puede que alguien pueda actuar diferente y dejar de tener miedo a perder su posición, luego entonces le es más sencillo decidir o levantar la productividad de su departamento o equipo, y aquí se la juega, eso es un hecho ¿por qué? Pues fácil porque si al menos el 80% de sus colegas del mismo nivel o de varios niveles actúa igual pues hablamos de un cambio de cultura y el jefe tiene que aceptar ese cambio, pero si este líder se queda solo con esa manera de actuar, pues ya sabe lo que pasa con él y por si lo duda se lo digo "se va", ha que desgracia.

¿Organiza o hace?

Son las 7:30 de la mañana y un Jefe que tiene a su cargo algunas secciones de una unidad de negocio acaba de llegar a su oficina y al cabo de un rato llega a esta misma oficina cada uno de los jefes que él organiza. Por lo regular eso lo veo todos los días, o sea que todos los días los señores acuden con él para ver qué van a hacer o pedirle su autorización o su visto bueno (y pobre de ellos si no lo hacen). Luego, al cabo de un rato retornan a su trabajo, y si tienen algún problema con algún gerente de departamento diferente a los del grupito recurren al jefe nuevamente para que este interceda por ellos en contra del "otro" este ciclo que considero fatal, mata y resquebraja las relaciones inter-grupales, pues la gente se vuelve completamente incompetente e inservible, la pregunta es fácil ¿Para qué quiero un gerente en cada departamento si le voy a indicar lo que tiene que hacer cada día? Y, si es porque considero no tienen suficiente capacidad es mi culpa, si señor ¿para qué tengo gente incompetente? ¿Les digo por qué o ya lo saben?, bueno se los dejo a su imaginación. Ah...déjeme decirles algo, este señor que no suelta la rienda de todas esas personas anda muy mal de salud y, creo a ese ritmo pronto tendrá un problema serio en su persona y, ¿los otros? A gusto; eso es, que bien.

Cuidado con las estructuras absurdas e incongruentes

Suponga que usted es gerente general de una gran empresa con una planta de unas 2000 personas, entonces de repente piensa (o se lo indica su santo corporativo) necesita dos subgerentes para no estar tan saturado y decide repartirse los departamentos para coordinarse por secciones, entonces se le ocurre la brillante idea de hacer tres grupos: al Gerente A que es usted (el de más arriba) se deja: Contraloría, RH, IT y Contabilidad, al sub-gerente B le asigna los departamentos de Producción, Almacén, Logística de embarques y Mantenimiento de edificio, y al gerente C le asigna Ventas y Mercadotecnia.

En un documento lo expone a todo al personal o en la santa junta mensual de jefes (pero sin alterar la estructura oficial del organigrama) luego su documento dice que cada uno ellos(A, B y C) coordinarán a cada uno de sus departamentos respectivos pero, sin embargo, cualquier de los tres puede solicitar algo a cualesquiera y tienen que atender esa petición, o sea los tres jefes no apoyaran a todos pero si pueden exigir a todos, válgame Dios que incongruencia, por otro lado, si usted lo observa este genio ya hizo dos bandos (no contando el suyo) que siempre estarán en riñas y se odiarán a muerte que es (Producción vs Ventas). Luego entonces es muy cotidiano que cada quien ande por su lado y no le importe el otro, ¿se necesitara mucha inteligencia para hacer que uno solo coordine esos dos bandos? Es más, es el colmo que algunos jefes de departamento han recibido llamadas de un subgerente (B o C) reclamándole alguna falta de servicio a alguno de los otros departamentos y, me pregunto ¿Qué ese colega de ese departamento que tiene el mismo nivel lateral no le pudo hablar personalmente para arreglar ese asunto?, es el colmo hasta perder esa comunicación con personas que se ha convivido tanto tiempo.

Recuerde que es de suma importancia tres aspectos para que su estructura tenga valor: Primero, que se defina adecuadamente los niveles de autoridad y responsabilidad, teniendo claramente los limites y alcances, evitando poner freno de mano para decidir sobre asuntos cotidianos que afecten a sus clientes. En segundo lugar tiene que tener sistemas adecuados de compensación y, estos deben estar lo más directamente casados con el nivel de esfuerzo y el logro de objetivos y proyectos. Como tercer punto importante, está precisamente el adecuado control y verificación del nivel de desempeño y esto conlleva que el personal debe también estar bien capacitado y comprometido con las metas.

Por otro lado, existen jefes que les encanta brincarse los tramos de control y resolver tareas y conflictos donde otras personas deben hacerlo y es el ejemplo típico donde un trabajador comete una falta o desea salirse con las suyas, cuando las reglas dictan lo contrario, luego entonces es reprimido, castigado o limitado por su jefe inmediato y éste trabajador decide ir al jefe superior y, este poderoso jefe con tal de quedar bien y demostrar su poder, accede a la petición dejando por el suelo la autoridad del jefe que negó dicha solicitud. Este fenómeno, créame es garrafal y debilita el liderazgo de puestos medios. Por lo que lo invito a que respete los tramos de control, si los tiene bien definidos claro, y si usted considera que debe decidir por esos mandos medios entonces mejor elimínelos y haga más plana su organización, esto último es mejor en todo caso. Cuando se entromete en asuntos de bajo nivel quiere decir que no está haciendo mucho por grandes proyectos y su visión es muy corta y limitada.

Así también el jefe poderoso termina por creerse dueño de las personas y tiene toda una biblia de leyes y reglas no escritas que en muchos casos son hasta de las decisiones muy personales de los individuos como: Las escuelas que deciden los ejecutivos para sus hijos, las marcas y tipo de vehículos, los colores de uso personal, los restaurantes, existe la autoridad de las esposas sobre las "otras esposas" de los jefes de menor nivel e incluso, la opinión y coerción sobre la selección muy personal de una pareja o preferencias de personas para convivir dentro y hasta fuera de la organización.

¿Tiene trabajadores buenos o malos?

Con esto me recuerda a Douglas Mcgregor con su teoría X,Y, si usted es jefe de un departamento o equipo y, siempre está pensando que su gente es floja, no coopera, no es confiable etc. le puedo asegurar que su gente así será, y no es que lo sean en realidad pero como usted ha insistido en verlos así pues simplemente ellos han adoptado ese papel y usted habrá creado un grupo completo de gente problemática y claro no quiero o puedo asegurar que en realidad alguno de ellos no sea una fichita en su conducta pero, bueno eso debió verlo usted al seleccionarlo y tenerlo a prueba antes de haber decidido quedarse con él.

Ahora vamos al otro lado de la moneda, si usted es una persona la cual gusta de confiar en las personas y cree siempre que son buenas, trabajadoras y emprendedoras y, siempre se los repite yo le puedo asegurar que ellas actuaran de esa manera pues saben que eso se espera de ellas. A mi me ha pasado que por ejemplo si llega una persona que me pide algo y me lo dice plenamente convencida de que lo podré hacer pues seguro que lo puedo hacer, pero por el contrario cuando alguien de antemano te pregunta ¿Lo puedes hacer? o ¿Le decimos a alguien más?, esta pregunta está indicando que tiene duda de la capacidad y entonces pues lo más seguro es que ya ni se esfuerce por demostrar que si se puede y tomar el camino fácil de decidir que se lo asignen a otra persona. Amigo confíe en la gente y haga que se comprometa, está es una clave para aumentar la productividad.

Busque siempre la excelencia y eficiencia pero no olvide el bien social.

He observado a menudo como gran número de inversionistas buscan rendimiento monetario y no es malo pero, lo que sí es negativo es que lo hacen frecuentemente sin escrúpulos, haciendo que labore personal de forma inhumana, pagando sueldos totalmente miserables, sin prestaciones, sin futuro ni posibilidades de desarrollo. En últimas fechas se ha incrementado alarmantemente el número de empresas de Outsourcing eliminando con ello un sin número de empleos bien remunerados, donde en definitiva el número de personas y familias sin sustento aumenta alarmantemente. Podemos resumir que existe una avaricia exagerada que genera más pobreza y riqueza sólo para algunos cuantos. Resultando que las calles se van llenando de desempleados y subempleados. He visto con tristeza como poco a poco las ciudades se han ido convirtiendo en interminables tianguis donde lo que antes eran cocheras ahora son puestos de baratijas. La indigencia ha aumentado considerablemente y podemos ver ahora gente joven y sana pidiendo dinero en los cruceros y todo tipo de lugares concurridos. Muchas de estas personas ya lo han tomado incluso como una salida fácil o como una profesión que de hecho puede llevar muy fácilmente a la delincuencia. Es risorio como algunos llegan a pedir dinero (no limosna) y tienen cuota incluso y una frase muy común que mencionan es: "Pido para no robar", claro está que ya han olvidado la opción de trabajar.

Dada la avaricia y la ambición desmedida al invertir y no querer dejar algo al pueblo o a individuos que viven en el espacio geográfico donde se invierte o se instalan las empresas, es que la población va empobreciendo paulatinamente, y las clases sociales se disparan en polos opuestos, es decir, existe una marcada diferencia entre quienes tienen y los que no tienen, la clase profesional va degenerando en clase sub-empleada y desempleada. La fila de gente miserable se incrementa invariablemente.

Por lo anterior es de suma importancia que los inversionistas dejen algo más de riqueza y que la ganancia monetaria que genera la eficiencia sea repartida de manera un tanto más generosa para bien social. Suena ridículo pensar que estas mismas empresas venderán sus productos en un mercado cuyos habitantes no tienen dinero. Si usted es empresario y/o accionista piense antes en todo esto.

La competitividad en un mundo globalizado y la muerte empresarial.

Como un resumen final le puedo comentar que invariablemente tenemos empresas, organizaciones, gobierno y país que nosotros mismos hemos querido y desarrollado, aunque nos duela, la mayoría de los empresarios, directivos y ejecutivos son de nuestras mismas filas, al igual que nuestros dirigentes políticos.

Todo empieza en el círculo familiar y está regido por principios y valores que por desgracia han venido degradándose con el tiempo y por adopción de modelos liberales irresponsables. Se corrompen los individuos por poder y dinero, así tienen sus valores y, esa corrupción lleva a otras consecuencias que se enlazan y forman un circulo vicioso sin fin.

Es por lo anterior que nuestra cultura está a punto del colapso. Esto implica desordenes sociales, políticos y empresariales. De tal forma que en la misma medida que más familias se desintegran también las empresas van degradándose y finalmente desapareciendo.

Sólo con la participación de todos y el surgimiento de una nueva mentalidad desde cada cuna y hogar podremos un día hacer una cultura más digna, robusta y competitiva.

Hagámoslo por las futuras generaciones, en bien de nuestra familia, nuestro país, nuestro planeta y el universo entero.

www.ingramcontent.com/pod-product-compliance
Lightning Source LLC
Chambersburg PA
CBHW021904170526
45157CB00005B/1958